# Dropshipping Shopify für Amateure 2024

Das vollständige Dropshipping-Shopify-Handbuch, das einen umfassenden Leitfaden zum Aufbau eines erfolgreichen Dropshipping-Geschäfts vom Start bis zum langfristigen Erfolg bietet.

Anna P. Moore

# Inhaltsverzeichnis


Kapitel eins

Kapitel Zwei

Kapitel drei

Kapitel Vier

Kapitel fünf

Kapitel sechs

Bonus

# Kapitel eins

**Das Geschäftsmodell und das Potenzial von Dropshipping verstehen**

### *1.1. Was genau ist Dropshipping?*

Der erste Teil des Kapitels enthält eine Definition von Dropshipping, einer Technik der Einzelhandelsabwicklung, bei der Sie als Inhaber des Geschäfts die von Ihnen verkauften Waren nicht physisch besitzen. Wenn ein Verbraucher hingegen eine Bestellung in Ihrem Online-Shop aufgibt, übernehmen Sie die Rolle eines Mittelsmanns und übermitteln die Kaufdetails und Kundeninformationen an einen Drittanbieter. Anschließend verpackt dieser Anbieter die Waren und versendet sie direkt an Ihren Kunden. Anschließend übernimmt er die gesamte Logistik im Zusammenhang mit Lagerung, Abwicklung und Versand.

## *1.2 Die Vorteile des Dropshippings sind folgende:*

Der nächste Abschnitt des Kapitels befasst sich mit den Hauptvorteilen von Dropshipping, die dafür sorgen, dass es für viele ambitionierte Geschäftsinhaber eine attraktive Wahl ist, insbesondere für diejenigen, die gerade erst in den Bereich E-Commerce einsteigen:

*Geringe Anfangsinvestition erforderlich:* Es sind nur sehr geringe Anfangsinvestitionen erforderlich, was einer der attraktivsten Aspekte des Dropshipping ist. Wenn es um die Beschaffung von Waren, die Anmietung von Lagerflächen oder die Abwicklung der Versandlogistik geht, müssen Sie für diese Aktivitäten nicht viel ausgeben. Dies ermöglicht Ihnen, Ihr Unternehmen mit weniger Risiko zu gründen und alternative Produkte ohne großen finanziellen Aufwand zu testen.

*Skalierbarkeit:* Dropshipping bietet erhebliche Skalierungsmöglichkeiten. Wenn Ihr

Unternehmen expandiert, müssen Sie sich nicht darum kümmern, mehr Lagerbestände zu verwalten oder Bestellungen selbst auszuführen. Ihre Lieferanten steuern das Nachfragewachstum und ermöglichen Ihnen so eine effektive Weiterentwicklung Ihres Unternehmens und die Konzentration auf Marketing und Kundenservice.

*Breites Produktsortiment:* Im Gegensatz zu typischen Einzelhandelsgeschäften, die auf eine bestimmte Fläche beschränkt sind, können Sie mit Dropshipping ein großes Sortiment an Artikeln anbieten. Sie können je nach Markttrends und Kundenpräferenzen einfach Waren zu Ihrem Shop hinzufügen oder daraus entfernen, was Ihnen zusätzliche Flexibilität und Agilität bietet.

*Standortunabhängigkeit:* Die Genialität des Dropshipping liegt in seiner geografischen Freiheit. Sie können Ihr Unternehmen von überall auf der Welt mit einer Internetverbindung betreiben, was mehr Flexibilität und Freiheit im Lebensstil ermöglicht.

### 1.3. Die Dropshipping-Landschaft verstehen:

Das Kapitel scheut sich nicht, ein realistisches Bild der Dropshipping-Landschaft zu vermitteln. Es erklärt die vielen an dem Prozess beteiligten Akteure, darunter:

*Dropshipper:* Sie, der Shop-Inhaber, betreiben den Online-Shop und kümmern sich um die kundenorientierten Bereiche des Geschäfts.

*Lieferanten:* Diese Drittfirmen verwalten den Lagerbestand, verpacken und versenden die Artikel direkt an Ihre Kunden. *

*Kunden:* Als Lebensnerv eines jeden Unternehmens erfüllen Sie dessen Anforderungen, indem Sie einen benutzerfreundlichen Online-Shop und einen außergewöhnlichen Kundenservice bieten.

### 1.4. Die Bedeutung von Marktforschung und Nischenauswahl:

Das Kapitel unterstreicht die Notwendigkeit einer gründlichen Marktforschung im Dropshipping. Es zeigt, wie wichtig der Aufbau eines erfolgreichen Nischenmarktes für den Erfolg ist. Wenn Sie sich auf eine bestimmte Zielgruppe mit unterschiedlichen Anforderungen und Vorlieben konzentrieren, können Sie Ihr Produktangebot, Ihre Marketingtechniken und Ihre gesamte Markenidentität anpassen, um erfolgreich mit dieser Zielgruppe in Kontakt zu treten.

### 1.5. Mögliche Herausforderungen und Überlegungen:

Keine Unternehmensstrategie ist ohne Hürden und Dropshipping ist da keine Ausnahme. Das Kapitel hebt bestimmte Einschränkungen hervor, die Sie kennen und effektiv verwalten müssen:

*kleinere Gewinnmargen:* Aufgrund der Beteiligung vieler Parteien sind die

Gewinnspannen beim Dropshipping im Vergleich zu typischen Einzelhandelsmodellen tendenziell geringer. Dies erfordert effektive Marketingtechniken und ein höheres Verkaufsvolumen, um Rentabilität zu erzielen.

*Wettbewerb:* Der Dropshipping-Bereich wird immer wettbewerbsintensiver. Das Kapitel unterstreicht die Notwendigkeit, Ihr Unternehmen durch einzigartige Produktangebote, hervorragenden Kundenservice und erfolgreiche Marketingtechniken hervorzuheben.

*Begrenzte Kontrolle über die Erfüllung:* Da Sie bei der Auftragsabwicklung auf Drittanbieter angewiesen sind, haben Sie weniger Kontrolle über die Produktqualität, Lieferverzögerungen und das gesamte Kundenerlebnis. Um diese Risiken zu reduzieren, ist es von entscheidender Bedeutung, kompetente und vertrauenswürdige Anbieter mit einer soliden Erfolgsbilanz zu finden.

## 1.6. Ist Dropshipping das Richtige für Sie?

Das Kapitel endet damit, dass wir Ihnen dabei helfen, einige Fragen zur Selbstreflexion zu beantworten, um zu prüfen, ob Dropshipping Ihren Zielen und Ambitionen entspricht. Es unterstreicht, wie wichtig es ist, vor Beginn dieses unternehmerischen Abenteuers Ihre Risikotoleranz, Ihre verfügbaren Ressourcen und Ihr Engagement zu prüfen.

Wenn Sie die Prinzipien des Dropshipping kennen, seine Vorteile und Grenzen studieren und eine umfassende Marktforschung durchführen, sind Sie bestens gerüstet, um eine fundierte Schlussfolgerung darüber zu ziehen, ob dieses Geschäftsmodell am besten zu Ihnen passt. Diese ausführliche Einführung bereitet Sie auf das folgende Kapitel vor, das tiefer in den Dropshipping-Auftragsabwicklungsprozess eintaucht und den Rahmen für die Entwicklung Ihres erfolgreichen E-Commerce-Unternehmens festlegt.

Shopify ist eine von mehreren Optionen für die Einrichtung eines Online-Shops, dennoch ist es für viele Unternehmer, die sich in den E-Commerce wagen, zur ersten Wahl geworden.

**Shopify und seine Vorteile für Dropshipping verstehen**

Shopify ist eine benutzerfreundliche Plattform, die es Einzelpersonen ermöglicht, einen Online-Shop einzurichten, ohne dass dafür Programmierkenntnisse erforderlich sind. Es ist kostengünstig und bietet umfassende Anpassungsmöglichkeiten, um die gewünschte Ästhetik für Ihre Website zu erzielen. Hier sind die wichtigsten Gründe, warum Shopify eine Top-Wahl für Dropshipping ist:

*1. Vielseitigkeit von Shopify*
Shopify zeichnet sich durch eine bemerkenswerte Vielseitigkeit aus und ermöglicht eine einfache

Anpassung Ihrer Website. Mit einer einfachen Schnittstelle können Sie:

- Produktkategorien einführen
- Erstellen Sie Blogeinträge
- Neue Seiten hinzufügen
- Abschnitte ändern
- Integrieren Sie Hero-Banner oder Videosegmente

Die Plattform gibt Ihnen die Freiheit, Ihren Shop unabhängig vom gewählten Thema zu differenzieren.

*2. Kosteneffizienz von Shopify*
Seit dem letzten Update beträgt die monatliche Gebühr von Shopify 29 US-Dollar und gewährt Ihnen Zugriff auf einen voll funktionsfähigen Dropshipping-Shop mit unbegrenzten Produkt-Uploads. Dieser Plan beinhaltet außerdem:

- Zusätzliche Vertriebskanäle wie Facebook
- Gutscheincode-Generierung
- Ein SSL-Zertifikat für Ihre Site
- Marketing-Automatisierungstools
- Integrationsmöglichkeiten mit anderen Plattformen
- Automatisierte Versandoptionen und Preise

Darüber hinaus unterstützt der Basic-Plan verschiedene Zahlungsgateways, darunter Stripe und PayPal, und vereinfacht so den Prozess von Online-Transaktionen.

*3. Fülle an Shopify-Apps*

Der App-Marktplatz von Shopify beherbergt Tausende von Apps, um die Funktionalität und das Design Ihres Shops zu verbessern, wie zum Beispiel:

- Werbe-Apps für Angebote wie Buy-one-get-one-Angebote
- E-Mail-Marketing-Tools
- Apps für Produktbewertungen mit Bild- oder Video-Uploads

Während Shopify eine Vielzahl von Apps anbietet, ist es für Dropshipping-Neulinge ratsam, sich zunächst auf die kostenlosen Optionen zu konzentrieren, bevor sie in kostenpflichtige Abonnements investieren.

Trotz der Präsenz alternativer Plattformen wie WooCommerce, BigCommerce, Ecwid, Squarespace und anderen bleibt Shopify aufgrund seiner Einfachheit und Geschwindigkeit bei der Einrichtung eines Dropshipping-Shops eine bevorzugte Wahl.

### Wie Shopify funktioniert

Sie erstellen mit Shopify einen Online-Shop, in dem Sie Produktdetails und Bilder hochladen und Versandkosten festlegen können. Dieser Prozess kann mit verschiedenen Apps automatisiert werden, die den Produktimport und andere notwendige Details in Ihren Shopify-Shop erleichtern.

***Die Rentabilität von Shopify Dropshipping***

Dropshipping mit Shopify kann mit minimalen Gemeinkosten, vor allem dem monatlichen Abonnement von 29 US-Dollar, recht profitabel sein. Wenn Sie beispielsweise ein T-Shirt, das Sie für 9,95 US-Dollar beim Lieferanten erworben haben, in Ihrem Geschäft für 29,95 US-Dollar verkaufen, erzielen Sie einen Gewinn von 20 US-Dollar pro T-Shirt. Der Verkauf von 50 Hemden pro Monat würde zu einem Bruttogewinn von 1.000 US-Dollar führen. Nach Abzug der Abonnementgebühr beträgt der Nettogewinn 975 $.

Auch wenn die Umsätze anfangs langsam sind, stellen die geringen monatlichen Ausgaben ein überschaubares Risiko dar, insbesondere im Vergleich zu täglichen diskretionären Ausgaben wie dem Kauf von Kaffee.

***Schritte zum Starten des Dropshipping mit Shopify***
Um Ihr Shopify-Dropshipping-Geschäft aufzubauen, befolgen Sie diese allgemeinen Schritte:

1. Etablieren Sie eine Markenidentität und eine Nische
Bestimmen Sie zunächst Ihre Markenidentität und wählen Sie einen Nischenmarkt aus. Das beinhaltet:

- Sicherung eines Domainnamens
- Erstellen eines Logos
- Entwerfen eines Favicons

Ihre Domain sollte den Namen Ihres Unternehmens widerspiegeln und einprägsam sein. Sobald Sie es erworben haben, integrieren Sie es in Ihren Shopify-Shop und beauftragen Sie entweder einen Designer oder nutzen Sie Online-Tools für Ihr Logo und Favicon.

*2. Richten Sie Ihren Shopify-Shop ein*
Registrieren Sie sich für ein Shopify-Konto und entscheiden Sie sich für den Basic-Plan. Zu den wichtigen Anfangseinstellungen gehören:

- Festlegen der Währung Ihres Shops
- Erstellen von Produktkollektionen
- Geschenkkarten aktivieren
- Konfiguration von Zahlungsgateways und Vertriebskanälen
- Eingabe von Geschäftsdaten

Erkunden Sie alle Einstellungen gründlich, um Ihren Shop an Ihre Bedürfnisse anzupassen.

*3. Erstellen Sie wichtige Seiten*
Entwickeln Sie Standardseiten für Ihre Website, wie zum Beispiel:

- Über uns
- Terms & amp; Bedingungen
- Versand- und Rückerstattungsrichtlinien
- Datenschutzrichtlinie

Für diese Dokumente stehen online Vorlagen zur
Verfügung; Passen Sie sie an Ihr Unternehmen an.

*4. Passen Sie Ihr Thema an*
Wählen Sie auf Shopify aus kostenlosen oder
kostenpflichtigen Themes und passen Sie Ihr
ausgewähltes Theme an den Styleguide Ihrer Marke an,
der Farbschemata, Schriftarten und andere
Branding-Elemente umfasst.

*5. Apps installieren*
Werten Sie Ihren Shop mit Apps aus dem
Shopify-Marktplatz auf und konzentrieren Sie sich dabei
auf diejenigen, die den größten Mehrwert bieten.
Bleiben Sie zunächst bei kostenlosen Apps, um die
Kosten niedrig zu halten.

Zusammenfassend lässt sich sagen, dass Shopify zwar
zu den vielen E-Commerce-Plattformen gehört, seine
Benutzerfreundlichkeit, Erschwinglichkeit und sein
umfangreiches App-Ökosystem es jedoch zu einer
attraktiven Wahl für Unternehmer machen,
insbesondere im Bereich Dropshipping.

*Erwägen Sie die Einbeziehung der folgenden
wesentlichen App-Kategorien:*

- Ein Produktimporttool wie Spocket.
– Ein Produktforschungstool wie Dropship.IO.
- Apps zum Anbieten von Rabatten und Gutscheinen.

- Apps für Produktpakete oder „Kaufe eins, erhalte eins"-Aktionen.
- E-Mail-Marketing-Anwendungen.
- Apps, die soziale Beweise liefern.
- Anwendungen zur Wiederherstellung verlassener Einkaufswagen.

Priorisieren Sie zunächst marketingbezogene Apps, da diese eine entscheidende Rolle bei der Generierung von Verkäufen und Conversions für Ihr Geschäft spielen. Achten Sie jedoch darauf, Ihren Shop nicht mit zu vielen Apps zu überlasten, da dies die Leistung Ihrer Website erheblich beeinträchtigen kann.

*6. Produkte in Ihren Shop importieren*

Wenn Sie bereit sind, Produkte zu Ihrem Shop hinzuzufügen, beachten Sie die folgenden Schritte:

- Standardisieren Sie die Präsentation Ihrer Produkte.
- Konfigurieren Sie die Preisautomatisierung in Shopify und entscheiden Sie, ob allen Produkten ein Pauschalpreis oder ein prozentualer Aufschlag hinzugefügt werden soll.
- Identifizieren Sie Produkte, bei denen möglicherweise verbesserte Bilder oder Beschreibungen erforderlich sind.

Kategorisieren Sie Ihre Produkte nach dem Import in Sammlungen, indem Sie beispielsweise alle Lederschuhe in eine „Lederschuhe"-Kollektion aufnehmen. Anschließend müssen Sie die Produktseiten manuell bearbeiten, um die Konsistenz der Beschreibungen verschiedener Anbieter sicherzustellen.

### 7. Starten und Vermarkten Ihres Shopify-Dropshipping-Shops

Führen Sie vor dem Start Ihres Shops einen Testkauf durch, um sicherzustellen, dass alles ordnungsgemäß funktioniert. Melden Sie sich von Ihrem Shopify-Konto ab und tätigen Sie einen Kauf wie ein Kunde. Bestellen Sie das Produkt bei Ihrem Lieferanten und lassen Sie es an Ihre Adresse liefern, um die gesamte Customer Journey zu erleben und etwaige Probleme zu identifizieren.

Sobald alles überprüft ist, können Sie sich auf die Erstellung von Social-Media-Inhalten und die Planung Ihres Veröffentlichungsplans konzentrieren. Mit einer soliden Marketingstrategie sind Sie bereit, Ihr Unternehmen zu starten.

### Auswahl eines erfolgreichen Produkts für Dropshipping

Die Auswahl eines erfolgreichen Dropshipping-Produkts erfordert sorgfältige Überlegung. Hier ist, worauf Sie achten sollten:

1. Marktnachfrage: Überprüfen Sie das Verkaufsvolumen des Produkts, um Interesse und Nachfrage abzuschätzen.

2. Produktqualität: Stellen Sie sicher, dass die Qualität des Produkts Ihren Verkaufspreis rechtfertigt.

3. Versanddetails: Bewerten Sie die Versandgeschwindigkeit, die internationale Abdeckung und die Kosten des Lieferanten.

4. Marktwettbewerb: Verwenden Sie Tools, um zu überprüfen, wie viele andere Dropshipper das gleiche Produkt verkaufen.

### Vermarktung Ihres Shopify-Dropshipping-Shops

Es gibt drei primäre Marketingstrategien für Ihren Shopify-Shop:

- Bloggen und SEO: Nutzen Sie die Blogging-Funktion von Shopify, um informative Artikel zu veröffentlichen und Ihre SEO zu verbessern.
- SEM und Werbung: Bezahlen Sie dafür, dass Suchmaschinenanzeigen für bestimmte Schlüsselwörter ganz oben in den Suchergebnissen erscheinen.
- Social-Media-Posting: Veröffentlichen Sie regelmäßig Inhalte auf Social-Media-Plattformen, um mit Ihrem Publikum in Kontakt zu treten.

Wählen Sie den Marketingansatz, der zu Ihrem Budget und Ihrem Fachwissen passt, um Ihr Geschäft effektiv zu bewerben.

### Suchmaschinenmarketing (SEM) und Werbung

SEM ist eine spezielle Werbeform, die auf Suchmaschinen beschränkt ist. Betrachten Sie das folgende Beispiel:

Bei der Suche nach „Drohne zum Verkauf in den Vereinigten Staaten" auf Google erscheint als erster Eintrag eine bezahlte Anzeige von Aquidneck Aerials, die darauf hinweist, dass sie in ihre Sichtbarkeit für diesen spezifischen Suchbegriff investiert haben.

Das Ergebnis ist, dass Nutzer, darunter auch ich, möglicherweise auf diese prominente Anzeige klicken und so zur Zielseite des Werbetreibenden weitergeleitet werden. Bei näherer Betrachtung wird jedoch klar, dass das Unternehmen keine Drohnen verkauft, sondern Luftbildaufnahmen anbietet. Dies verdeutlicht eine Fehlausrichtung zwischen Keyword-Targeting und tatsächlichen Serviceangeboten, was eine ineffiziente Nutzung von Werberessourcen darstellt. Es ist von entscheidender Bedeutung, Ihre Google-Werbemaßnahmen auf Schlüsselwörter auszurichten, die Ihre Geschäftsangebote genau widerspiegeln.

Wenn es um Werbung in sozialen Medien geht, sollte die Plattformauswahl strategisch erfolgen und sich danach richten, wo potenzielle Kunden für Ihr Produkt am aktivsten sind:

- Instagram eignet sich optimal für Produkte wie Lippenstift, Make-up sowie Gesundheits- und Schönheitsartikel.
- TikTok eignet sich für Unterhaltung, Spiele und hobbybezogene Inhalte.
- Facebook ist vielseitig und kann eine breite Produktpalette aufnehmen.

Denken Sie daran, dass Werbung Investitionen erfordert. Ich habe einmal 1.000 US-Dollar ohne Gegenleistung ausgegeben, daher ist es wichtig, vorsichtig vorzugehen, effektive Werbestrategien zu erlernen und Ihre Ausgaben schrittweise zu erhöhen.

### Social-Media-Marketing

Die Vermarktung Ihrer Produkte in sozialen Medien kann durch regelmäßiges Posten erfolgen, ähnlich wie beim Bloggen, jedoch auf sozialen Plattformen. Wählen Sie die richtige Plattform basierend auf Ihrer Produktkategorie und konzentrieren Sie sich auf das Teilen aufschlussreicher, lehrreicher oder unterhaltsamer Inhalte statt auf offene Marketingbotschaften.

Präsentieren Sie beispielsweise Ihre Drohne in Aktion durch ein Video, das das Erlebnis und den Spaß, den sie bieten kann, hervorhebt, anstatt nur ihre Funktionen aufzulisten. Inhalte, die unterhalten und emotional ansprechen, erzeugen eher Interaktion und führen zu Verkäufen.

**Dropshipping auf Shopify und anderen Plattformen**

Dropshipping mit AliExpress erfordert die Verwendung eines Tools, das Sie mit Lieferanten auf der Plattform verbindet. Spocket und CJDropshipping sind zwei empfohlene Optionen.

Für Anfänger, die Dropshipping auf Shopify betreiben möchten, ist es ratsam, sich umfassende Tutorials zum Einrichten eines Shopify-Shops anzusehen. Sie können auch den Kauf eines vorgefertigten Ladens in Betracht ziehen.

Dropshipping auf Shopify ist nicht kostenlos; Nach einer 7-tägigen Testversion müssen Sie ein Abonnement auswählen.

Um Dropshipping bei Amazon durchzuführen, integrieren Sie Ihren Shopify-Shop in Ihr Amazon-Verkäuferkonto oder verwenden Sie ein Tool wie Spocket direkt bei Amazon.

Dropshipping auf Shopify ist ohne anfängliche Mittel nicht möglich; Rechnen Sie damit, eine monatliche Mindestgebühr zu investieren.

Wenn Sie sich für Dropshipping mit Alibaba interessieren, das in erster Linie eine Großhandelsplattform ist, können Sie sich mit CJDropshipping abstimmen, um mit Alibaba-Lieferanten für Ihren Shopify-Shop in Kontakt zu treten.

Um mit dem Dropshipping auf Shopify zu beginnen, identifizieren Sie Produkte, die Sie auf mit Shopify kompatiblen Plattformen verkaufen möchten, erstellen Sie Ihren Shop und importieren Sie die von Ihnen ausgewählten Produkte.

Lohnt sich Dropshipping auf Shopify? Auf jeden Fall, da die monatliche Investition im Vergleich zu den potenziellen Gewinnen relativ gering ist.

Shopify unterstützt Dropshipping und lässt sich in zahlreiche Lieferantentools wie Spocket, Printful, Salehoo, Printify und Dropified integrieren.

# Kapitel Zwei

**Der Dropshipping-Auftragsabwicklungsprozess: Vom Kundenkauf bis zur Lieferung**

Nachdem wir im vorherigen Kapitel die Prinzipien und Möglichkeiten des Dropshippings behandelt haben, befasst sich dieses Kapitel mit dem subtilen Ablauf des Dropshipping-Auftragsabwicklungsprozesses. Es beschreibt den Weg einer Bestellung, von dem Moment, in dem ein Verbraucher auf Ihrer Online-Site auf „Kaufen" klickt, bis zu dem Zeitpunkt, an dem die Ware bei ihm ankommt.

***1.1. Ein Kunde gibt eine Bestellung auf:*** Der Prozess beginnt, wenn ein Verbraucher Ihren Online-Shop besucht, Ihre Produktauswahl durchstöbert, einen Artikel in seinen Warenkorb legt und zur Kasse geht. Bei diesem Schritt ist es von entscheidender Bedeutung, ein benutzerfreundliches und sicheres

Checkout-Erlebnis zu bieten, um eine reibungslose Customer Journey zu gewährleisten.

***1.2. Bestellabwicklung und Weiterleitung:*** Nach erfolgreicher Auftragserteilung steht Ihr Dropshipping-Unternehmen im Mittelpunkt. Sie erhalten eine Bestellbenachrichtigung mit den Kundeninformationen und den genauen Produkten, die Sie gekauft haben.

Hier sind Ihre Aufgaben:

A) Bestellbestätigung und Zahlungsabwicklung: Sie validieren die Bestelldaten, gewährleisten die Zahlungssicherheit und können bei Bedarf Betrugsprüfungen durchführen.

B) Weiterleitung der Bestellung an den Lieferanten: Hier kommt die Essenz des Dropshipping ins Spiel. Sie senden die validierten Bestellinformationen (einschließlich Kundeninformationen,

Produktspezifikationen und Lieferanweisungen) an Ihren bevorzugten Lieferanten.

**_1.3. Lieferantenerfüllung:_**Sobald der Anbieter Ihre Bestellung erhält, führt er die folgenden Aufgaben aus:

A) Bestandsprüfung: Stellt sicher, dass der angeforderte Artikel auf Lager und zur Lieferung bereit ist.

B) Produktauswahl und -verpackung: Suchen Sie das Produkt im Lager, kommissionieren Sie es sorgfältig und verpacken Sie es sicher für den sicheren Versand.

C) Etikettierung und Versand der Bestellung: Sie bringen das richtige Versandetikett an, einschließlich der Adresse des Kunden und aller relevanten Zollpapiere (für Auslandsbestellungen), und versenden das Produkt dann über den von ihnen bevorzugten Versanddienstleister.

**1.4. Auftragsverfolgung und Kommunikation mit Kunden:** Während sich der Lieferant um die eigentliche Abwicklung kümmert, spielen Sie als Dropshipper eine wichtige Rolle bei der Information des Verbrauchers.

*Bestellbestätigungs- und Tracking-Details:* Sie senden dem Kunden eine E-Mail mit der Bestätigung seines Kaufs und geben dabei den voraussichtlichen Lieferzeitraum und eine Sendungsverfolgungsnummer (vom Lieferanten angegeben) an, damit er den Fortschritt seines Pakets überprüfen kann.

*Kundendienst:* Sie fungieren während des gesamten Prozesses als Hauptansprechpartner des Kunden. Sie antworten auf alle Fragen oder Bedenken, die sie zu ihrer Bestellung, dem Versandstatus oder möglichen Komplikationen haben.

**1.5. Lieferung und Nachkauferfahrung:**
Der letzte Schritt umfasst die Lieferung des Produkts an den Verbraucher. Sobald die

Lieferung geliefert wird, ist die Erfahrung des Kunden von entscheidender Bedeutung.

Als Direktversender sollten Sie Folgendes beachten:

A) Lieferbestätigung: Um sicherzustellen, dass der Verbraucher seinen Kauf erhält, senden Sie ihm eine Benachrichtigung, in der die Lieferung bestätigt wird.

B) Kundenrezensionen und Feedback: Ermutigen Sie Kunden, Bewertungen auf Ihrer Website oder Ihrem bevorzugten Kanal abzugeben. Dieses Feedback ist hilfreich, um den Ruf Ihres Shops zu stärken und neue Kunden zu gewinnen.

**1.6. Retouren und Rückerstattungen verwalten:** Selbst bei bester Vorbereitung können unerwartete Ereignisse wie Produktschäden, Falschlieferungen oder Unzufriedenheit der Kunden zu Rücksendungen führen. In diesem

Kapitel wird untersucht, wie mit solchen Umständen effektiv umgegangen werden kann.

*Klare Rückgabebedingungen:* Eine klar dargelegte Rückgaberichtlinie auf Ihrer Website weckt Erwartungen und vereinfacht den Prozess sowohl für Sie als auch für den Kunden.

*Rückkommunikation:* Schaffen Sie eine klare Kommunikationsmethode für Verbraucher, um Rückgaben anzufordern und Rückerstattungen zu erhalten.

*Zusammenarbeit mit Lieferanten:* Abhängig von den Bedingungen Ihrer Vereinbarung können Sie mit Ihrem Lieferanten zusammenarbeiten, um den Rückgabe- und Rückerstattungsprozess abzuwickeln und dem Verbraucher ein nahtloses und zufriedenstellendes Erlebnis zu bieten.

Wenn Sie den Dropshipping-Auftragsabwicklungsprozess verstehen und beherrschen, können Sie Ihren Kunden ein reibungsloses und gutes Erlebnis bieten und Vertrauen und Loyalität schaffen, die entscheidende Komponenten für die Entwicklung eines erfolgreichen E-Commerce-Unternehmens sind. In diesem Kapitel erhalten Sie die Informationen, die Sie benötigen, um diese entscheidende Komponente Ihrer Dropshipping-Reise erfolgreich zu bewältigen.

## Nischen- und Produktauswahl: Identifizieren Sie Ihr profitables Marktsegment

Der Erfolg beim Dropshipping hängt von der Auswahl der richtigen Nische und Artikel ab. Dieses Kapitel hilft Ihnen dabei, eine erfolgreiche Marktnische zu entdecken und Artikel auszuwählen, die Ihre Zielgruppe ansprechen.

### 2.1. Den Wert der Nischenauswahl erkennen:

Das Kapitel beginnt mit der Betonung der Bedeutung der Nischenauswahl beim Dropshipping. Wenn Sie sich für eine Spezialisierung entscheiden, können Sie:

*Sprechen Sie eine bestimmte Zielgruppe an:* Indem Sie auf eine klar definierte Kundengruppe mit unterschiedlichen Wünschen und Vorlieben eingehen, können Sie Ihre Produktangebote, Marketingtechniken und die gesamte Markenidentität besser aufeinander abstimmen.

*Wettbewerb reduzieren:* Anstatt in einem überfüllten Markt mit mehreren etablierten Marken zu konkurrieren, hilft Ihnen die Konzentration auf eine Nische, sich von der Masse abzuheben und sich sogar als Marktführer in der von Ihnen gewählten Branche zu positionieren.

*Fachwissen und Markenautorität steigern:* Wenn Sie sich auf ein bestimmtes Fachgebiet konzentrieren, können Sie die Anforderungen und Vorlieben Ihrer Zielgruppe besser verstehen. Dadurch können Sie sich als Experte auf Ihrem

Gebiet etablieren und das Vertrauen und die Autorität Ihrer Verbraucher gewinnen.

## 2.2. Profitable Nischen identifizieren:

Das Kapitel liefert Ihnen nützliche Ideen und Taktiken zur Identifizierung potenziell profitabler Nischen:

**Marktforschung und Trendanalyse:** Nutzen Sie Internet-Tools, Social-Media-Plattformen und Branchenzeitschriften, um neue Trends, Kundenwünsche und beliebte Produktkategorien zu finden. Auch die Beobachtung der Funktionsweise etablierter Marken in anderen Bereichen kann nützliche Informationen liefern.
**Identifizieren Sie Ihre Leidenschaften und Fähigkeiten:** Denken Sie über Ihre eigenen Interessen, Hobbys und Kompetenzbereiche nach. Die Wahl einer Spezialisierung, die Sie begeistert, kann Ihnen dabei helfen, langfristig motiviert und engagiert zu bleiben. Darüber

hinaus könnte der Einsatz Ihrer aktuellen Talente und Erfahrungen einen Wettbewerbsvorteil in diesem Bereich verschaffen.

**Bewertung der Nischenrentabilität:**Begründen Sie Ihre Entscheidung nicht nur mit der Beliebtheit einer Nische. Wettbewerb, Produktmargen und Kosten für die Kundenakquise sind wichtige Faktoren für die Beurteilung der Rentabilität. Bevor Sie Ihren Fokus reduzieren, nutzen Sie Internet-Tools und -Ressourcen, um die potenzielle Rentabilität der von Ihnen identifizierten Nischen zu prüfen.

## 2.3. Definieren Sie Ihre Zielgruppe:

Sobald Sie eine potenzielle Nische entdeckt haben, führt Sie dieses Kapitel durch den Prozess der Identifizierung Ihrer Zielgruppe.

**Demografische Daten:** Nutzen Sie Alter, Geschlecht, Geografie, wirtschaftliches Niveau und Beschäftigung, um ein klares Bild Ihres idealen Verbrauchers zu erstellen.

**Psychographie:** Erkunden Sie die Interessen, Hobbys, Überzeugungen und Schmerzbereiche Ihrer Zielgruppe, um deren Motivationen und Anforderungen besser zu verstehen. Wenn Sie ihr „Warum" verstehen, können Sie ansprechende Marketingbotschaften erstellen, die eine Verbindung zu ihnen herstellen.

## 2.4. Wählen Sie Gewinnerprodukte aus:

Jetzt kommt der interessante Teil: Entscheiden Sie, welche Dinge Sie in Ihrer ausgewählten Nische anbieten möchten. Das Kapitel bietet Ihnen einen Weg, fundierte Produktauswahlentscheidungen zu treffen.

ICH)*Problemlösungselemente:*Suchen Sie nach Artikeln, die bestimmte Probleme oder Hindernisse Ihrer Zielgruppe lösen. Wenn Sie sich auf Lösungen statt auf Funktionen konzentrieren, können Sie eine Beziehung zu Ihren Kunden aufbauen.

II)*Gewinnspannenanalyse:*Bestimmen Sie die mögliche Gewinnspanne für jedes Produkt unter Berücksichtigung des Verkaufspreises, der Lieferantenkosten und anderer damit verbundener Ausgaben. Um die langfristige Rentabilität Ihres Unternehmens zu sichern, wählen Sie Artikel mit einer soliden Gewinnspanne.

III)*Marktnachfrage und Wettbewerb:*Bestimmen Sie den Grad der Marktnachfrage und des Wettbewerbs für die Artikel, über die Sie nachdenken. Während guter Wettbewerb auf eine florierende Spezialität hinweist, könnte zu viel Rivalität die Unterscheidung erschweren.

*IV) Produkttrends und Saisonalität:*Denken Sie über aktuelle Markttrends und die wahrscheinliche Saisonalität der von Ihnen ausgewählten Artikel nach. Das Reiten auf der Welle der Trends kann den Umsatz steigern, aber seien Sie vorsichtig bei möglicherweise kurzlebigen Modeerscheinungen.

IN)*Lieferantenqualität und Zuverlässigkeit: Aqa*Führen Sie eine Due-Diligence-Prüfung möglicher Lieferanten durch und bewerten Sie deren Produktqualität, Lieferzeiten, Ruf des Kundendienstes und Mindestbestellmengen (MOQs), um ein reibungsloses und zuverlässiges Erlebnis zu gewährleisten.

## 2.5. Erstellen eines zusammenhängenden Produktportfolios

Das Kapitel konzentriert sich nicht nur auf einzelne Artikel, sondern auch auf die Bedeutung der Entwicklung eines einheitlichen Produktportfolios innerhalb der von Ihnen ausgewählten Nische.

**Komplementärgüter:** Bieten Sie Waren an, die sich gegenseitig ergänzen, ermutigen Sie Kunden, mehr Dinge zu kaufen, und erhöhen Sie ihren durchschnittlichen Bestellwert.
**Kuratierte Auswahl:** Vermeiden Sie es, Ihre Verbraucher mit einem zu breiten Produktangebot zu überfordern. Erstellen Sie

stattdessen eine Sammlung, die den einzigartigen Wünschen und Interessen Ihrer Zielgruppe entspricht.
**Aufrechterhaltung der Markenrelevanz:** Stellen Sie sicher, dass Ihre ausgewählten Artikel zu Ihrer gesamten Markenidentität und -botschaft passen, damit Ihren Kunden ein konsistentes und wiedererkennbares Erlebnis geboten wird.

Indem Sie die Kunst der Nischen- und Produktauswahl beherrschen, legen Sie den Rahmen für ein erfolgreiches Dropshipping-Unternehmen fest. In diesem Kapitel erhalten Sie die Informationen und Taktiken, die Sie benötigen, um lukrative Nischen zu finden, Ihre Zielgruppe zu definieren und erfolgreiche Artikel auszuwählen, die Ihre Kunden ansprechen und zum langfristigen Erfolg Ihres Dropshipping-Unternehmens beitragen.

# Kapitel drei

**Identifizieren der idealen Dropshipping-Anbieter: Aufbau robuster Kooperationen.**

Damit Ihr Dropshipping-Unternehmen erfolgreich ist, müssen Sie solide Beziehungen zu zuverlässigen und vertrauenswürdigen Lieferanten aufbauen. In diesem Kapitel wird der Prozess der Identifizierung der idealen Dropshipping-Anbieter untersucht und die Grundlage für einen nahtlosen und effektiven Fulfillment-Prozess gelegt, der letztendlich zu zufriedenen Kunden und einem florierenden Unternehmen führt.

*1.1. Die Auswahl der richtigen Lieferanten ist entscheidend:* Der erste Punkt des Kapitels besteht darin, hervorzuheben, wie wichtig Lieferanten für Ihren Dropshipping-Betrieb sind. Sie dienen als Grundlage Ihres

Fulfillment-Prozesses und haben direkten Einfluss auf Dinge wie:

*Produktqualität:* Ihre Kunden sind darauf angewiesen, dass Sie ihnen erstklassige Waren liefern. Zuverlässigkeit und Qualitätskontrolle haben bei seriösen Lieferanten oberste Priorität, was die Zufriedenheit der Kunden garantiert und die Möglichkeit von Rücksendungen und schlechten Bewertungen verringert.

*Zuverlässigkeit und Geschwindigkeit des Versands:* Damit die Kunden zufrieden sind, müssen die Lieferungen pünktlich erfolgen. Ihre Kunden erhalten ihre Waren pünktlich, wenn Sie sich für Anbieter mit zuverlässigen Versandpartnern und effektiven Versandabwicklungen entscheiden.

*Kundendienst:* Obwohl Sie als Dropshipper der erste Ansprechpartner für Ihre Kunden sind, kann die Servicequalität Ihres Lieferanten das gesamte Erlebnis beeinflussen. Die Zusammenarbeit mit Anbietern, die für ihren erstklassigen Kundenservice bekannt sind, garantiert eine schnelle und effektive Lösung aller Probleme.

**Preis- und Gewinnspannen:** Ihre Gewinnspanne wird direkt von dem Betrag beeinflusst, den Sie Ihrem Lieferanten zahlen. Um in Ihrem Dropshipping-Unternehmen gesunde Gewinnspannen aufrechtzuerhalten, müssen Sie wettbewerbsfähige Preise aushandeln und Einzelheiten wie Mindestbestellmengen (MOQs) berücksichtigen.

**1.2. Mögliche Dropshipping-Anbieter finden:**In diesem Kapitel erhalten Sie eine Reihe von Tools, um mögliche Dropshipping-Anbieter zu finden:

**Internetverzeichnisse:** Dropshipping-Anbieter werden von mehreren Internetverzeichnissen in den unterschiedlichsten Bereichen gelistet und kategorisiert. Nutzen Sie diese Verzeichnisse als Grundlage für Ihre Ermittlungen.

**Branchenforschung:** Durch die Untersuchung bekannter Unternehmen in der von Ihnen ausgewählten Nische können Sie deren Lieferanten aufdecken oder Hinweise auf zuverlässige Lieferanten in Ihrem Bereich geben.

**Fachmessen und Online-Marktplätze:** Sie können mögliche Dropshipping-Anbieter kennenlernen, indem Sie Fachmessen der Branche besuchen oder sich auf Online-Marktplätzen wie Alibaba oder Sprocket umsehen.

**Soziale Medien und Online-Bewertungen:** Kontaktieren Sie andere Dropshipper auf Social-Media-Seiten wie Facebook-Gruppen oder LinkedIn, um Vorschläge für vertrauenswürdige Lieferanten zu erhalten.

**1.3. Bewertung von Direktversand-Lieferanten:** Nach der Identifizierung möglicher Lieferanten führt Sie das Kapitel durch einen strengen Bewertungsprozess, um sicherzustellen, dass sie Ihre Anforderungen als Unternehmen erfüllen:

**Produktqualität und Sortiment:** Bewerten Sie die Angebote des Lieferanten, um sicherzustellen, dass die Qualität den Anforderungen Ihrer Marke und denen Ihrer

Kunden entspricht. Untersuchen Sie die Auswahl der verfügbaren Artikel, um zu sehen, ob sie mit dem Produktportfolio übereinstimmen, das Sie sich vorstellen.

**Versandkosten und Lieferzeiten:** Untersuchen Sie die voraussichtlichen Lieferzeiten und Versandkosten verschiedener Anbieter. Damit Sie wettbewerbsfähig bleiben und Ihren Kunden realistische Versanderwartungen bieten können, sind diese Informationen unerlässlich.

**Verordnungsmindestens (MOQs):** Beachten Sie die Mindestbestellmengen (MOQs), die jeder Lieferant festgelegt hat. Diese können Auswirkungen darauf haben, wie Sie Ihren Lagerbestand und Ihren Cashflow verwalten, insbesondere wenn Sie mit einem knappen Budget beginnen.* Zahlungsbedingungen und Rückgaberichtlinien: Informieren Sie sich über die Zahlungsbedingungen des Lieferanten, einschließlich Fristen und Zahlungsarten. Überprüfen Sie auch die Rückgaberichtlinien, um sicherzustellen, dass diese klar und kundenfreundlich sind.

**Kundenservice und Support:** Bewerten Sie den Grad der Kundendienstexzellenz des potenziellen Lieferanten. Dies kann erreicht werden, indem man direkt mit ihnen spricht, Bewertungen im Internet nachschlägt oder beobachtet, wie schnell sie auf Kundenanfragen reagieren.

**1.4. Aufbau robuster Lieferantenverbindungen:**Das Kapitel betont die Notwendigkeit, neben der Lokalisierung auch solide und dauerhafte Beziehungen zu Lieferanten aufzubauen. Im Folgenden sind einige entscheidende Taktiken aufgeführt:

**Klare Kommunikation und Erwartungen:** Schaffen Sie klare Kommunikationskanäle und legen Sie Erwartungen an die Auftragsabwicklung, Produktqualität und Lieferpläne fest.

**Regelmäßige Kommunikation und Zusammenarbeit:** Bleiben Sie in ständigem Kontakt mit Ihren Lieferanten, um mögliche Probleme im Voraus zu besprechen, neue

Produktmöglichkeiten zu prüfen und eine kooperative Beziehung aufzubauen.

**Pünktliche Zahlungen und Bestellaktualisierungen:** Stellen Sie sicher, dass die Zahlungen pünktlich erfolgen, und geben Sie genaue Bestellaktualisierungen bekannt, um Ihre Lieferanten zufrieden zu stellen. Mithilfe der Ratschläge in diesem Kapitel können Sie vertrauenswürdige Dropshipping-Anbieter finden und mit ihnen zusammenarbeiten, die Ihr Engagement für Effizienz, Qualität und Kundenzufriedenheit teilen.

Der Aufbau robuster und kooperativer Beziehungen zu Ihren Lieferanten ist entscheidend, um das reibungslose Funktionieren Ihres Dropshipping-Geschäfts zu gewährleisten und den Grundstein für nachhaltigen Wohlstand zu legen.

**Aufbau Ihres Dropshipping-Geschäfts: Einrichten Ihres Dropshipping-Shops:**

## Auswahl der richtigen Plattform und des richtigen Designs

Ihr Online-Shop dient als virtueller Showroom für Ihr Dropshipping-Unternehmen, der Sie mit möglichen Kunden verbindet und Ihr Produktsortiment präsentiert. Dieses Kapitel führt Sie durch die entscheidenden Schritte bei der Auswahl der besten Plattform und der Erstellung eines ästhetisch ansprechenden und benutzerfreundlichen Shops, der das Vertrauen der Verbraucher stärkt und sie zum Kauf motiviert.

## Auswahl des geeigneten Dropshipping-Marktplatzes:

Die Notwendigkeit, die geeignete Plattform für den Aufbau Ihres Dropshipping-Geschäfts auszuwählen, wird zu Beginn des Kapitels betont. Es stehen viele Plattformen zur Verfügung, jede mit einzigartigen Funktionen, Nachteilen und Kostenstrukturen. Beachten Sie bei der Auswahl Ihrer Wahl die folgenden wichtigen Überlegungen:

**Benutzerfreundlichkeit:** Um die Gründung und Verwaltung Ihres Unternehmens zu erleichtern, wenn Sie neu im E-Commerce sind, sollten Sie Plattformen in Betracht ziehen, die für ihre intuitiven Funktionen und ihr benutzerfreundliches Layout bekannt sind.
**Features und Funktionalität:** Berücksichtigen Sie die Features, die jede Plattform bietet, einschließlich integrierter SEO-Funktionen, Zahlungsgateway-Alternativen, Marketing-Konnektoren und Produktmanagement-Tools. Wählen Sie eine Plattform basierend auf den aktuellen und zukünftigen Anforderungen Ihres Unternehmens.
**Preise und Skalierbarkeit:** Untersuchen Sie die Preismodelle der verschiedenen Plattformen und berücksichtigen Sie dabei sowohl wiederkehrende Gebühren als auch Transaktionskosten. Stellen Sie sicher, dass die

von Ihnen gewählte Plattform die Expansion Ihres Unternehmens und die steigenden Verkaufsmengen bewältigen kann, wenn es wächst.

**App-Marktplatz und Integrationen:** Zahlreiche Systeme ermöglichen Schnittstellen zu verschiedenen externen Diensten, wie z. B. Reedereien, Buchhaltungssoftware und E-Mail-Marketing-Tools. Überprüfen Sie außerdem, ob die App-Märkte auf den einzelnen Plattformen über Funktionen und Erweiterungen verfügen, die den Anforderungen Ihres Unternehmens entsprechen.

**1.2. Bekannte Dropshipping-Marktplätze:**

Das Kapitel gibt einen kurzen Überblick über einige bekannte Dropshipping-Websites und betont deren herausragende Merkmale und beabsichtigten Kundenstamm:

**Shopify:** Diese beliebte und zugängliche Plattform ist bekannt für ihre Skalierbarkeit, ihren riesigen App-Marktplatz und ihre einfache Bedienung.

**Woo Commerce:** ist eine kostenlose Open-Source-Plattform, die mehr Freiheit und Anpassungsmöglichkeiten bietet, für deren Einrichtung und Wartung jedoch mehr technisches Know-how erforderlich ist.

**Großer Handel:** Ein umfangreicher Funktionsumfang, ein skalierbares Design für größere Unternehmen und integrierte SEO-Tools zeichnen diese funktionsreiche Plattform aus.

**Steckdose:** Eine auf Dropshipping ausgerichtete Plattform mit Produktbeschaffungstools, Automatisierung der Auftragsabwicklung und direkten Lieferantenverbindungen.

**1.3. Erstellen einer erfolgreichen Dropshipping-Website:**

Das Kapitel befasst sich mit den entscheidenden Komponenten beim Aufbau eines Dropshipping-Geschäfts, das konvertiert, sobald Sie Ihre Plattform ausgewählt haben:

**Professionelles und benutzerfreundliches Design:* Investieren Sie in ein kundenfreundliches Design-Layout, das ordentlich und gut organisiert ist. Stellen Sie sicher, dass Ihre Website für Mobilgeräte geeignet ist und schnell lädt.

**Ausgezeichnete Produktfotos und Beschreibungen:** Nutzen Sie hervorragende Produktfotos und fesselnde Produktbeschreibungen, die die Eigenschaften und Vorteile Ihrer Angebote wirkungsvoll hervorheben.

**Eindeutige Calls-to-Action (CTAs):* Mit offensichtlichen und auffälligen Handlungsaufforderungen wie den Schaltflächen „In den Warenkorb" oder „Jetzt kaufen" können Sie Ihren Kunden beim Kaufprozess helfen.

**Zuverlässige Komponenten:** Schaffen Sie Glaubwürdigkeit bei Ihren Kunden, indem Sie Kundenempfehlungen, Bewertungen und leicht zugängliche Kontaktdaten präsentieren. Stellen Sie sicher, dass auch Ihre Website über entsprechende Sicherheitsmaßnahmen verfügt.

**Markenkonsistenz:** Um eine unverwechselbare und einprägsame Markenidentität zu etablieren, halten Sie das Design, das Branding und die Botschaft Ihres Shops konsistent.

**1.4. Zusätzliche Gedanken zum Design:**

Das Kapitel beschreibt weitere Faktoren, die Sie bei der Gestaltung Ihres Dropshipping-Shops berücksichtigen sollten:

**Mobile-freundliches Design:** In der heutigen Mobile-First-Welt ist es von entscheidender Bedeutung, sicherzustellen, dass Ihre Website auf verschiedene Bildschirmgrößen reagiert und sich problemlos an diese anpassen lässt, um mobile Besucher anzulocken und Einnahmen zu generieren.
**Suchmaschinenoptimierung (SEO)**: Um die Suchmaschinenbewertung Ihrer Website zu verbessern und die Menge an organischem Traffic zu steigern, wenden Sie grundlegende

SEO-Best Practices auf Ihre Produktseiten und Inhalte an.

**Wiederherstellung verlassener Körbe:** Um potenzielle Verbraucher zurückzugewinnen, die Produkte in ihren Warenkorb legen, die Transaktion aber abbrechen, sollten Sie darüber nachdenken, Taktiken zur Wiederherstellung abgebrochener Warenkörbe in die Praxis umzusetzen.

Sie können einen Dropshipping-Shop aufbauen, der nicht nur gut aussieht, sondern auch Besucher in zahlende Kunden verwandelt, was den Erfolg Ihres Dropshipping-Unternehmens erheblich steigern wird. Dies lässt sich erreichen, indem man die richtige Plattform sorgfältig auswählt, den Schwerpunkt auf das Benutzererlebnis legt und bewährte Designpraktiken in die Tat umsetzt.

# Kapitel Vier

**Entwicklung Ihres Dropshipping-Unternehmens: Marketing- und Vertriebsstrategien von Dropshippern: Kunden gewinnen und Umsatz steigern**

In der mörderischen Welt des Online-Shoppings ist die Fähigkeit eines Dropshipping-Unternehmens, Kunden zu gewinnen und den Umsatz zu steigern, von entscheidender Bedeutung. Dieses Kapitel stellt Ihnen praktische Marketing- und Vertriebstechniken vor, die Ihnen dabei helfen können, Leads zu generieren, die Markenbekanntheit zu steigern und schließlich Website-Besucher in treue Kunden zu verwandeln.

**1.1.Erwerb von Kenntnissen über das Marketingumfeld:** Die Notwendigkeit, das sich ständig verändernde Marketingumfeld zu verstehen, wird zu Beginn des Kapitels betont.

Es listet mehrere Marketingwege und -strategien auf und hebt deren Vorteile und Einsatzmöglichkeiten für Dropshipping-Unternehmen hervor:

**Materialmarketing:** Durch die Erstellung aufschlussreicher und nützlicher Materialien wie Blog-Artikel, Videos oder Social-Media-Beiträge können Sie möglicherweise neue Kunden gewinnen, Ihr Unternehmen als Branchenführer positionieren und die Suchmaschinenbewertung Ihrer Website verbessern.

**Social-Media-Marketing:** Um mit Ihrer Zielgruppe in Kontakt zu treten, Ihre Waren zu bewerben und die Markenbekanntheit zu steigern, nutzen Sie bekannte Social-Media-Seiten wie Facebook, Instagram und TikTok.

**E-Mail-Marketing:** Erstellen Sie eine E-Mail-Liste und führen Sie E-Mail-Kampagnen durch, um Leads zu pflegen, neue Artikel zu bewerben und bestehenden Kunden einzigartige Angebote zu unterbreiten.

**Bezahlte Werbung:** Um bestimmte Zielgruppen gezielt anzusprechen und ein größeres Publikum zu erreichen, sollten Sie kostenpflichtige Werbemöglichkeiten über Plattformen wie Google Ads, Facebook Ads oder Instagram Ads in Betracht ziehen.
**Suchmaschinenoptimierung (SEO):** Durch die Integration bewährter SEO-Praktiken in Ihre Website können Sie deren organische Suchmaschinenposition verbessern und Besucher anziehen, die nach Informationen oder Artikeln im Zusammenhang mit Ihrem Unternehmen suchen.

**1.2. Steigerung der Markenbekanntheit:** Das Kapitel betont die Notwendigkeit, eine Markenidentität zu schaffen, die über die Produktwerbung hinausgeht. Hier sind verschiedene Methoden, um dies zu erreichen:

**Schaffen Sie eine klare und konsistente Markenidentität:* Stellen Sie sicher, dass Ihr Logo, Ihre Farbpalette, Ihre Botschaft und Ihre allgemeine Markenpersönlichkeit auf allen Ihren Marketingplattformen einheitlich sind.

**Storytelling und Materialerstellung:** Konzentrieren Sie sich nicht nur auf die Eigenschaften Ihres Produkts; Erfinden Sie stattdessen fesselnde Geschichten und stellen Sie interessantes Material bereit, das Ihre Zielgruppe anspricht. Dies fördert die Markentreue und die emotionale Bindung.

**Zusammenarbeit und Influencer-Marketing**: Um Ihre Reichweite zu erhöhen und Zugang zum Publikum bekannter Persönlichkeiten zu erhalten, schließen Sie sich mit relevanten Influencern in Ihrer Branche zusammen oder nehmen Sie an Branchentreffen teil.

**1.3. Erfolgreiche Dropshipping-Verkaufstechniken:**Das Kapitel befasst sich mit bestimmten Verkaufstechniken, um Website-Besucher über die Markenbekanntheit hinaus in zahlende Kunden zu verwandeln:

**Hochwertige Fotos und fesselnde Produktbeschreibungen:** Investieren Sie in hochwertige Produktfotos und erstellen Sie fesselnde Produktbeschreibungen, die die Aufmerksamkeit auf die Merkmale und Vorteile Ihrer Angebote lenken und gleichzeitig auf mögliche von Kunden angesprochene Probleme eingehen.

**Calls-to-Action (CTAs) veröffentlichen**: Stellen Sie sicher, dass Ihre Website über offensichtliche und auffällige Handlungsaufforderungen wie die Schaltflächen „In den Warenkorb" oder „Jetzt kaufen" verfügt, um Verbrauchern die Durchführung der beabsichtigten Aktion zu erleichtern.

**Aktionen und Rabatte:** Um zum Kauf anzuregen und ein Gefühl der Dringlichkeit zu vermitteln, nutzen Sie gut geplante Werbeaktionen und Rabatte, wie zum Beispiel zeitlich begrenzte Angebote oder saisonale Sonderangebote.

**Erfahrungsberichte und Bewertungen von Kunden:** Das Veröffentlichen erfreulicher Bewertungen und Erfahrungsberichte von Kunden trägt dazu bei, den Social Proof und das Vertrauen zu stärken, was wiederum potenzielle Käufer dazu ermutigt, in Ihrem Shop einzukaufen.

**Exzellenter Kundenservice:** Während des gesamten Kaufprozesses schafft ein hervorragender Kundenservice Vertrauen und Loyalität und fördert wiederkehrende Geschäfte und hervorragende Mundpropaganda.

**1.4. Prüfung und Verbesserung von Marketinginitiativen:**Das Kapitel betont, wie wichtig es ist, Ihre Marketinginitiativen zu überwachen und zu bewerten, um ihren Erfolg zu beurteilen und die erforderlichen Änderungen für die weitere Entwicklung vorzunehmen.

Nutzen Sie die Analysetools der Plattform Ihrer Wahl oder externer Dienste, um:

**Verfolgen Sie Website-Traffic und Conversion-Raten:* Überprüfen Sie, woher die Besucher kommen und wie sie Ihre Website nutzen, um zu sehen, wo Sie Verbesserungen vornehmen können.

**Überwachen Sie die Leistung Ihrer Marketingkampagnen:* Untersuchen Sie die Effizienz verschiedener Marketingkanäle und ändern Sie Ihre Taktiken, um im Hinblick auf den Return on Investment (ROI) den größtmöglichen Nutzen daraus zu ziehen.

**Analyse des Kundenverhaltens:** Erfahren Sie mehr über die Vorlieben und das Verhalten Ihrer Kunden, um das Gesamterlebnis Ihrer Kunden zu verbessern, Ihre Marketingbotschaften anzupassen und Ihre Produktangebote zu verbessern.

Durch die Kombination der in diesem Kapitel behandelten Marketing- und Vertriebstechniken ist es möglich, potenzielle Kunden zu gewinnen, sie in zahlende Kunden zu verwandeln und schließlich den Umsatz Ihres Dropshipping-Unternehmens zu steigern. Denken Sie daran, dass der Aufbau eines erfolgreichen Online-Geschäfts kontinuierliche Arbeit, datengesteuerte Entscheidungen und kontinuierliche Optimierung erfordert, um in der sich ständig verändernden Welt des E-Commerce immer einen Schritt voraus zu sein.

# Kapitel fünf

**Verwalten und Erweitern Ihres Dropshipping-Unternehmens: Wichtige Dropshipping-Ressourcen und -Tools: Bringen Sie Ihre Abläufe in Ordnung**

Nachdem Sie den Grundstein für Ihr Dropshipping-Unternehmen gelegt haben, geht es in diesem Kapitel um die wichtigen Tools und Ressourcen, die Ihnen dabei helfen können, Ihre Prozesse zu optimieren, die Produktivität zu steigern und schließlich Zeit zu gewinnen, die Sie sich auf die Expansion Ihres Unternehmens konzentrieren können.

**1.1. Der Wert der Nutzung von Tools und Ressourcen:** Zu Beginn des Kapitels wird betont, dass es notwendig ist, Technologie zu nutzen und die verfügbaren Tools und Ressourcen zu nutzen. Dadurch kann die

Produktivität erheblich gesteigert, mühsame Aufgaben automatisiert werden und Sie gewinnen wertvolle Zeit, damit Sie sich auf wichtige Geschäftsentwicklungsstrategien für Ihr Dropshipping-Unternehmen konzentrieren können.

**1.2.Tools für die Bestandsverwaltung:**Eine effektive Bestandsverwaltung ist für jedes Dropshipping-Unternehmen unerlässlich. Das Kapitel untersucht viele Instrumente, die zur Beschleunigung dieses Verfahrens eingesetzt werden können:

**Bestandsverwaltungssoftware:** Mit Hilfe dieser Tools können Sie die Möglichkeit von Überverkäufen oder Fehlbeständen reduzieren, indem Sie die Lagerbestände in Echtzeit verfolgen, Warnungen zu niedrigen Lagerbeständen erhalten und Bestandsinformationen mit Ihren Lieferanten synchronisieren.

**Auftragsmanagementlösungen (OMS):* Diese All-Inclusive-Lösungen garantieren ein einwandfreies Kundenerlebnis, indem sie die Auftragsabwicklung automatisieren, die Auftragserfüllung überwachen und Informationen zur Sendungsverfolgung in Echtzeit bereitstellen.

**1.3. Tools für Marketing und Analyse:**Erfolg erfordert sowohl Marketing als auch Leistungsanalyse.

**In diesem Kapitel werden einige wichtige Ressourcen beschrieben, über die Sie nachdenken sollten, wie zum Beispiel:**

*E-Mail-Marketing-Plattformen:* Nutzen Sie intuitive Plattformen, um E-Mail-Kampagnen zu entwickeln und zu überwachen, Leads zu pflegen und über gezielte Nachrichten mit Ihrem Publikum zu interagieren.

*Social-Media-Management-Tools:* Mit Hilfe dieser Tools wird die Überwachung von Verbraucherinteraktionen, die Analyse von Social-Media-Aktivitäten und die Planung von Beiträgen auf vielen Plattformen erleichtert.

*Berichts- und Analysetools:*Nutzen Sie Analysetools, um mehr über Verbraucherverhalten, Website-Traffic und die Wirksamkeit von Marketingkampagnen zu erfahren. Diese Erkenntnisse helfen Ihnen, datengesteuerte Entscheidungen zu treffen, die Ihren Return on Investment (ROI) maximieren und Ihre Marketingtaktiken optimieren.

### Tools für den Kundenservice

Um Vertrauen aufzubauen und Loyalität zu pflegen, ist ein herausragender Kundenservice erforderlich. In diesem Kapitel werden Möglichkeiten zur Verbesserung Ihrer Kundendienstfähigkeiten untersucht:

A.      Live-Chat-Software:      Nutzen      Sie Live-Chat-Funktionen, um Ihren Kunden in Echtzeit Hilfe zu bieten, damit Sie ihre Fragen schnell und effektiv beantworten können.

B.      Ticketing-Systeme:      Nutzen      Sie Ticketing-Systeme, um Kundensupportanfragen effektiv zu bearbeiten, den Status von Lösungen zu überwachen und sicherzustellen, dass keine Frage unbeantwortet bleibt.

***Zusätzliche Ressourcen und Tools:***Zusätzlich zu den oben aufgeführten Kategorien befasst sich das Kapitel mit weiteren Ressourcen, die Ihr Dropshipping-Erlebnis verbessern können.

   A. Dropshipping-Recherchetools: Nutzen Sie Tools, die speziell für Dropshipping-Unternehmen entwickelt wurden, um seriöse Lieferanten zu finden, Konkurrenten zu untersuchen und beliebte Artikel zu identifizieren.

B. E-Commerce-Automatisierungstools: Schaffen Sie Zeit für strategische Planung und Unternehmenswachstum, indem Sie sich wiederholende Prozesse wie Bestellabwicklung, Veröffentlichung in sozialen Medien und E-Mail-Marketingkampagnen automatisieren.

C. Bildungsressourcen: Halten Sie sich durch Online-Kurse, Fachzeitschriften und E-Commerce-Gruppen über die neuesten Entwicklungen im Dropshipping-Sektor auf dem Laufenden, einschließlich Best Practices, rechtlicher Fragen und aufkommender Trends.

D. Auswahl geeigneter Tools: Da Ihnen so viele Tools zur Verfügung stehen, wird in diesem Kapitel betont, wie wichtig es ist, diejenigen auszuwählen, die Ihren Zielen und Ihrem Budget am besten entsprechen. Berücksichtigen Sie bei der Beurteilung und Auswahl der Tools, die Sie in Ihre Dropshipping-Abläufe integrieren möchten, Variablen wie die Größe Ihres

Unternehmens, das Budget, das technische Know-how und die erforderlichen Funktionen.

***Effektive Tool-Implementierung und -Nutzung:***Es reicht nicht aus, nur über die richtigen Werkzeuge zu verfügen; Sie müssen sie auch effizient nutzen. Wie aus dem Text hervorgeht, sollten Sie:

**Beginnen Sie mit dem Wesentlichen:** Wenn Ihr Unternehmen expandiert, fügen Sie nach und nach weitere wichtige Tools hinzu, indem Sie mit einer Handvoll beginnen, die Ihre dringendsten Anforderungen erfüllen.

**Investieren Sie in Support und Schulung:** Stellen Sie sicher, dass Sie wissen, wie Sie die ausgewählten Tools effizient nutzen. Nutzen Sie die Tutorials, Schulungsmaterialien und Kundenunterstützung, die die Tool-Anbieter zur Verfügung stellen.

** Verfolgen und quantifizieren Sie die Auswirkungen: ** Untersuchen Sie regelmäßig, wie sich die von Ihnen eingeführten Tools auf die Leistung Ihres Unternehmens auswirken. Auf diese Weise können Sie Bereiche identifizieren, in denen Entwicklungsbedarf besteht, und Ihre Strategie bei Bedarf anpassen. Sie können wichtige Erkenntnisse gewinnen, eintönige Arbeit automatisieren, Abläufe vereinfachen und Zeit gewinnen, um sich auf die strategischen Teile der Expansion Ihres Dropshipping-Unternehmens zu konzentrieren, indem Sie die entsprechenden Tools verwenden und Ressourcen. Um in der sich ständig verändernden Welt des E-Commerce langfristig erfolgreich zu sein, müssen Sie kontinuierlich lernen, sich anpassen und die Technologie nutzen.

## Verwalten und Erweitern Ihres Dropshipping-Unternehmens

Ein umfassender Leitfaden zum ErfolgNachdem wir in den vorangegangenen Kapiteln die

Grundlagen und Hauptmerkmale von Dropshipping behandelt haben, geht es in diesem Teil um den kontinuierlichen Prozess der Verwaltung und Erweiterung Ihres Dropshipping-Unternehmens. Es vermittelt Ihnen das Know-how und die Taktiken, die Sie benötigen, um den täglichen Betrieb zu bewältigen, Ihren Arbeitsablauf zu optimieren und Ihr Unternehmen schließlich zum langfristigen Erfolg zu führen.

*1.1. Gründung eines langfristigen Dropshipping-Unternehmens:* Der erste Abschnitt des Kapitels beleuchtet die wesentlichen Elemente, die zum Aufbau eines erfolgreichen und langfristigen Dropshipping-Geschäfts beitragen:

**Achten Sie auf die Kundenzufriedenheit:** Machen Sie die Bereitstellung einer erstklassigen Kundenbetreuung während des gesamten Kaufprozesses zu Ihrer obersten Priorität. Dazu gehört es, zeitnah mit den Kunden zu kommunizieren, ihre Fragen effektiv zu beantworten und ihre Anliegen zu befriedigen. Wiederkehrende Geschäfte und positive Mundpropaganda hängen in hohem Maße von der Vertrauensbildung und der Bereitstellung hervorragender Kundenerlebnisse ab.

**Kontinuierliche Weiterbildung und Weiterentwicklung:** Die Welt des E-Commerce verändert sich ständig. Setzen Sie sich für lebenslanges Lernen ein, indem Sie sich über gesetzliche Anforderungen, Branchenentwicklungen und Best Practices auf dem Laufenden halten. Nutzen Sie die Ihnen zur Verfügung stehenden Tools wie Online-Gruppen, Branchenzeitschriften und Kurse, um Ihr Wissen zu erweitern und Ihre Ansätze für den Erfolg anzupassen.

**Entscheidungsfindung basierend auf Daten:** Verlassen Sie sich nicht nur auf Ihr Bauchgefühl. Nutzen Sie das Potenzial der Datenanalyse, um mehr über das Verbraucherverhalten, den Website-Verkehr und die Wirksamkeit von Marketingkampagnen zu erfahren. Um Ihre Produktangebote, Marketingpläne und allgemeinen Unternehmensabläufe zu maximieren, treffen Sie datengesteuerte Entscheidungen.

**1.2 Rechtliche und finanzielle Überlegungen von Dropshippern:**In diesem Kapitel werden wichtige finanzielle und rechtliche Faktoren erläutert, die Sie bei der Verwaltung Ihres Dropshipping-Geschäfts berücksichtigen müssen:

**Unternehmensgründung und Lizenzierung:** Abhängig von Ihrem Standort und der Art Ihres Unternehmens müssen Sie möglicherweise Ihr Unternehmen registrieren und die erforderlichen Lizenzen oder Genehmigungen einholen, um legal tätig zu sein.

**Steuern und Vorschriften:**Erkennen Sie Ihre steuerliche Verantwortung und stellen Sie sicher, dass Sie alle geltenden Gesetze einhalten, einschließlich der Import-/Exportgesetze, wenn Ihre Lieferanten ihren Sitz im Ausland haben.

**Finanzverwaltung:** Nutzen Sie gute Techniken des Finanzmanagements, wie z. B. eine gründliche Buchführung, die Verfolgung Ihrer Ausgaben und die Überwachung Ihres Cashflows, um die finanzielle Stabilität Ihres Unternehmens zu gewährleisten.

## 1.3. Aufbau eines robusten Support-Netzwerks:

Ein erfolgreicher Dropshipper zu sein, muss keine Ein-Personen-Show sein. Das Kapitel empfiehlt Ihnen, ein Netzwerk von Verbündeten aufzubauen, die Sie auf Ihrer Reise unterstützen.

**Vernetzung mit anderen Dropshippern:** Nutzen Sie Online-Foren oder -Gruppen, um mit anderen Dropshippern in Kontakt zu treten. Bauen Sie ein Netzwerk von Menschen auf, die Ihre Interessen teilen, indem Sie Erfahrungen austauschen und aus den Erfolgen und Rückschlägen der anderen lernen.

**Stellen Sie Freiberufler oder virtuelle Assistenten ein:** Wenn Ihr Unternehmen wächst, denken Sie darüber nach, Freiberufler oder virtuelle Assistenten einzustellen, die Aufgaben wie Inhaltserstellung, Kundenbetreuung und Produktrecherche übernehmen, um mehr Zeit für Geschäftswachstum und strategische Planung zu gewinnen.

**8.4. Erweitern Sie Ihr E-Commerce-Unternehmen:**Wenn Ihr Unternehmen expandiert, bietet dieses Kapitel eine Roadmap für eine effektive Skalierung:

**Erweitern Sie Ihr Produktportfolio:** Denken Sie sorgfältig über die Einführung neuer Artikel nach, die Ihr aktuelles Geschäftsfeld erweitern und den sich ändernden Anforderungen Ihres Zielmarktes gerecht werden.
**Erkundung neuer Märkte:** Recherchieren Sie und denken Sie darüber nach, durch

Marketingmaterialien und Website-Übersetzungen oder Partnerschaften mit lokalen Logistikzentren neue Bereiche zu erschließen.

**Optimierung Ihrer Abläufe**: Bewerten und verbessern Sie Ihre Betriebsabläufe regelmäßig. Optimieren Sie Prozesse, steigern Sie die Produktivität und gewinnen Sie Zeit, um sich auf wichtige Wachstumsziele zu konzentrieren, indem Sie Technologie und Automatisierung einsetzen.

***Abschließende Bemerkungen:*** Der Weg der kontinuierlichen Entwicklung: Abschließend betont das Kapitel, dass Dropshipping wie jedes andere unternehmerische Unterfangen ein Weg des kontinuierlichen Lernens, der Anpassung und der Entwicklung ist. Sie können ein starkes Fundament aufbauen, Hindernisse überwinden und die sich ständig verändernde Welt des E-Commerce erfolgreich durchqueren, indem Sie die in diesem Buch beschriebenen Taktiken und Best Practices in die Praxis umsetzen. Dies wird Ihnen helfen, Ihr

Dropshipping-Unternehmen im Laufe der Zeit auszubauen. Denken Sie daran, dass Beharrlichkeit, ständige Weiterbildung und die Fähigkeit, sich an den sich ständig verändernden E-Commerce-Markt anzupassen, der Schlüssel zum Erfolg sind.

# Kapitel sechs

**Erweitern und vergrößern Sie Ihr Dropshipping-Unternehmen: Formeln für den langfristigen Erfolg.**

Nachdem Sie den Grundstein für den Erfolg Ihres Dropshipping-Unternehmens gelegt haben, befasst sich dieses Kapitel mit langfristigen Taktiken für eine stetige Entwicklung und Erweiterung Ihrer Organisation. Es vermittelt Ihnen nützliches Wissen und Strategien, die Sie durch den spannenden, aber schwierigen Prozess des Unternehmenswachstums und der Etablierung Ihres Namens in der E-Commerce-Branche unterstützen.

1.1. Erkennen, wie wichtig Skalierung ist: Die Notwendigkeit, Ihr Dropshipping-Unternehmen nach seinem ersten Erfolg weiter auszubauen, wird im ersten Abschnitt des Kapitels betont. Durch Skalierung können Sie:

A. *Steigern Sie Umsatz und Rentabilität:* Die Erweiterung Ihres Kundenstamms und möglicherweise die Steigerung Ihres Verkaufsvolumens wird Ihnen dabei helfen, mehr Einkommen zu erzielen und mehr Geld zu verdienen.

B. *Verbessern Sie die Markenbekanntheit:* Wenn Sie ein breiteres Publikum erreichen, werden Sie in Ihrer Nische bekannter, indem Sie die Bekanntheit und Wiedererkennung Ihrer Marke steigern.

C. *Effizienz und Nutzen optimieren:* Sie können Kosten sparen und die Gesamtleistung des Unternehmens verbessern, indem Sie Ihre Abläufe und Ressourcennutzung effektiver skalieren.

**1.2. Einen Expansionsplan formulieren:**Die Notwendigkeit, vor Beginn des Skalierungsprozesses einen klaren Entwicklungsplan zu entwickeln, wird im gesamten Kapitel betont. Dieser Ansatz sollte:

A. Definieren Sie Ihre langfristige Vision: Geben Sie die langfristigen Ziele Ihres Dropshipping-Unternehmens klar an. Was erwarten Sie in den nächsten Jahren für Ihr Unternehmen?

B. Identifizieren Sie Expansionschancen: Ganz gleich, ob es darum geht, Ihre Produktpalette zu erweitern, neue Märkte zu erschließen oder andere Vertriebsmethoden zu untersuchen, es können Expansionschancen bestehen, die Sie durch sorgfältige Marktforschung entdecken können.

C. Analysieren Sie Ihre Ressourcen: Untersuchen Sie Ihre aktuellen Ressourcen wie Finanzen, Arbeitskräfte und Betriebskapazität, um festzustellen, ob die Umsetzung Ihrer gewählten Entwicklungsstrategie in die Praxis machbar ist.

D. Definieren Sie SMART-Ziele: Nutzen Sie für Ihren Entwicklungsplan das SMART-Framework, um Ziele zu definieren, die präzise, quantifizierbar, realistisch, relevant und zeitgebunden sind. Dies garantiert, dass Ihre Skalierungsinitiativen Richtung und Klarheit haben.

**1.3. Grundlegende Techniken für das Wachstum Ihres Dropshipping-Unternehmens:** Das Kapitel befasst sich mit bestimmten Taktiken, mit denen Sie erfolgreich skalieren können:

A. Bauen Sie Ihr Produktportfolio auf: Fügen Sie Ihrem Sortiment nach und nach neue Artikel hinzu, die das, was Sie bereits haben, erweitern und auf die sich ändernden Anforderungen und Vorlieben Ihres Zielmarkts eingehen. Finden Sie ein Gleichgewicht zwischen der Einführung neuer Artikel und der Sicherstellung, dass Ihre aktuelle Produktlinie profitabel und von höchster Qualität ist.

B. Erkundung anderer Märkte: Recherchieren Sie und denken Sie darüber nach, auch andere Märkte zu erschließen.

Um Kunden aus dem Ausland effizient zu betreuen, kann dies die Übersetzung Ihrer Website und Ihrer Marketingmaterialien oder die Zusammenarbeit mit lokalen Fulfillment-Einrichtungen umfassen.

C. Optimieren Sie Ihre Marketingbemühungen: Verbessern Sie Ihre Marketingtaktiken ständig, um Ihr Publikum zu erweitern und neue Kunden zu gewinnen. Nutzen Sie Datenanalysen, um herauszufinden, welche Marketingkanäle für Ihr Unternehmen am erfolgreichsten sind, und passen Sie Ihr Budget entsprechend an.

D. Markentreue aufbauen: Um Folgegeschäfte und positive Mundpropaganda zu fördern, pflegen Sie starke Kundenbeziehungen, indem Sie einen hervorragenden Kundenservice bieten, Treueprogramme einführen und maßgeschneiderte Marketingtaktiken in die Praxis umsetzen.

E. Nutzung von Technologie und Automatisierung: Nutzen Sie

Automatisierung und technologische Tools, um die Produktivität zu steigern, Prozesse zu optimieren und Zeit für strategische Wachstumsprojekte zu gewinnen. Dazu kann der Einsatz von Chatbots für den Kundensupport, automatisierten Marketingtools oder Bestandsverwaltungstechnologien gehören.

F. Bildung strategischer Partnerschaften: Erwägen Sie die Zusammenarbeit mit Unternehmen in verwandten Branchen oder in Ihrem Fachgebiet. Um Ihre Reichweite und Ihren Kundenkreis zu vergrößern, kann dies die Zusammenarbeit bei Marketinginitiativen, die Prüfung von Cross-Promotion-Möglichkeiten oder die Prüfung von Dropshipping-Vereinbarungen mit anderen Unternehmen umfassen.

G. Investieren Sie Geld in Ihre Marke: Wenn Ihr Unternehmen wächst, investieren Sie in die Schaffung einer unverwechselbaren und starken Markenidentität. Dazu gehört die Schaffung einer einheitlichen Markenstimme, der Kauf hochwertiger Markenmaterialien und der Aufbau einer glaubwürdigen Webpräsenz.

**1.4. Hindernisse bei der Skalierung und Möglichkeiten, sie zu überwinden:**Das Kapitel befasst sich mit einigen der vielen Schwierigkeiten, die bei der Skalierung auftreten können, darunter:

A. Bewältigung der zunehmenden Lagerkomplexität: Um den Überblick über die Lagerbestände zu behalten, die Produktqualität aufrechtzuerhalten und Fehlbestände zu verhindern, sind für die Erweiterung Ihrer Produktvielfalt effektive Lösungen für die Bestandsverwaltung erforderlich.

B. Aufrechterhaltung der Qualität des Kundendienstes: Da Ihr Kundenstamm wächst, wird es immer wichtiger, bei allen Interaktionen einen hohen Standard der

Kundenbetreuung aufrechtzuerhalten. Um typische Fragen zu beantworten, denken Sie darüber nach, Ihr Kundensupport-Personal zu vergrößern oder Self-Service-Lösungen wie FAQs oder Chatbots einzuführen.

C. Marketing und Erreichen eines breiteren Publikums: Um erfolgreich ein breiteres Publikum zu erreichen und neue Kunden zu gewinnen, sind verbesserte Marketingmethoden und möglicherweise höhere Marketingausgaben erforderlich.

D. Aufrechterhaltung der betrieblichen Effizienz: Es ist von entscheidender Bedeutung, dass der Betrieb auch dann reibungslos läuft, wenn Ihr Unternehmen wächst. Dazu gehört es, Ihre Abläufe regelmäßig zu überwachen, Engpässe zu erkennen und so viel wie möglich zu automatisieren.

## 1.5. Abschließende Gedanken: Der Weg zu längeren Erfolgen:

Der letzte in diesem Kapitel angesprochene Punkt ist, dass das Wachstum Ihres Dropshipping-Unternehmens ein fortlaufender Prozess ist, der Engagement, Flexibilität und die Bereitschaft zur Veränderung und zum Wachstum erfordert. Sie können die Hürden des Wachstums erfolgreich bewältigen und einen Weg für langfristigen Erfolg in der dynamischen Welt des E-Commerce schaffen, indem Sie die in diesem Buch beschriebenen Taktiken in die Praxis umsetzen, Ihre Fortschritte im Auge behalten und Anpassungen auf der Grundlage des Kundenfeedbacks vornehmen und Markttrends.

Bonus

## Fallstudien zu Dropshipping: Wissensgewinnung aus florierenden Unternehmen

Eine Wertschätzung der Erfahrungen erfolgreicher Dropshipping-Unternehmen kann potenziellen Firmeninhabern aufschlussreiches Wissen und Motivation vermitteln. Indem Sie ihre Taktiken, Erfolge und sogar Rückschläge analysieren, können Sie viel lernen und einen Plan für Ihr eigenes Dropshipping-Geschäft erstellen.

Hier sind einige Beispiele erfolgreicher Dropshipping-Unternehmen, zusammen mit einigen wichtigen Lehren aus ihren Erfahrungen:

**1. CloudSharks:** Das Produkt sind haiförmige Hausschuhe.

Erfolgsfaktoren:

**Einzigartiges Produkt:** verdienten Geld, indem sie von einem Produkt profitierten, das sehr gefragt war und kaum Konkurrenz hatte.***Leistungsstarkes Social-Media-Marketing:** Durch den Einsatz von Plattformen wie Facebook-Werbung, Instagram-Marketing und TikTok-Marketing ein breites Publikum erreicht.

**Resonante Markenidentität:** Erstellte eine unverwechselbare Markenstimme und ein unverwechselbares Image, das mit der Zielgruppe in Verbindung stand.

## 2. Kugel mit Früchten:

**Produkt:** ein kleiner Obstmixer

Erfolgsfaktoren: Die viralen Marketingfunktionen von TikTok genutzt, um frühzeitig Impulse zu setzen und allgemeine Aufmerksamkeit zu erregen.

**Für Mobilgeräte optimierte Website:** Garantiert ein reibungsloses Benutzererlebnis für Verbraucher, die auf mobilen Geräten surfen und einkaufen.

**Gezieltes Marketing:** Konzentrierte Marketingbemühungen auf Plattformen, die von ihrer Zielgruppe, wie jungen Erwachsenen und Gesundheitsbegeisterten, frequentiert werden.

3. Produkt: Nachhaltige Küchen- und Haushaltsartikel * Erfolgsfaktoren:
** Nischenfokus: ** Entwickelt, um einen bestimmten Markt anzusprechen, der sich immer mehr für umweltfreundliche Produkte interessiert. **Außergewöhnliches Produktsortiment:** legte großen Wert auf ethische Beschaffung und Qualität und pflegte ein Vertrauensverhältnis zu seinen Kunden.
**Marketinginhalte:** verfasste interessante und lehrreiche Blogeinträge und Social-Media-Beiträge zum Thema Nachhaltigkeit, zog natürlichen Traffic an und unterwies sein Publikum.

## Wichtige Lehren aus diesen Fallstudien

Identifizierung einer Nische: Insbesondere für neue Dropshipping-Unternehmen in einer überfüllten Branche kann die Konzentration auf eine spezialisierte Kundschaft mit bestimmten Anforderungen oder Interessen ein gewinnbringender Ansatz sein.

Nutzung von Social-Media-Marketing: Durch die intensive Nutzung von Social-Media-Seiten wie Facebook, Instagram und TikTok lässt sich ein großes Publikum erreichen und die Markenbekanntheit steigern.

Schaffung einer starken Markenidentität: Durch die Entwicklung eines unverwechselbaren Markenimages und einer unverwechselbaren Markenstimme können Sie Ihre Marke von der Konkurrenz abheben und eine Verbindung zu Ihrer Zielgruppe herstellen.

Das Kundenerlebnis in den Mittelpunkt stellen: Um Vertrauen aufzubauen und die Kundentreue zu fördern, müssen erstklassige Artikel, erstklassiger Kundenservice und eine benutzerfreundliche Website angeboten werden.

Flexibilität und ständige Weiterbildung: Die Welt des E-Commerce verändert sich ständig. Langfristiger Erfolg erfordert, flexibel auf Trends zu reagieren, die Praktiken erfolgreicher

Unternehmen zur Kenntnis zu nehmen und eigene Datenanalysen durchzuführen. Dies sind nur einige der vielen Dropshipping-Unternehmen, die mit unterschiedlichen Taktiken und Methoden erfolgreich waren. Durch die Untersuchung ihrer Erzählungen, die Ermittlung anwendbarer Erkenntnisse und deren Einbeziehung in Ihre eigene Geschäftsstrategie können Sie Ihre Erfolgsaussichten im faszinierenden und sich ständig verändernden Bereich des Dropshipping verbessern.

9 798884 002180